AF498280

DOCTRINE,

EXEMPLES ET PRIERES

DE LA BIBLE.

» Le Peuple fe bornant de plus en plus à affifter le Dimanche à la Meffe , n'entend dans toute l'année ni *Difcours* inftru&tif , ni *Lecture édifiante* , ni *Priere* dans fa propre langue. »

De l'Importance des Opin. relig. Ch. **X.**

A *Generalif.* 1789.

P R É F A C E.

» La Majesté des Ecritures m'étonne, la Sainteté de
» l'Evangile parle à mon cœur.

Emil. L. 4.

IL eft dit dans le Prologue de L'ECCLESIASTI-
QUE de Jefus, fils de Sirach, dont le Livre a
fourni vingt - fept Chapitres à ces Extraits, &
dont la morale fe retrouve exactement dans celle
de Jefus-Chrift : » On peut voir dans la Loi,
» dans les Prophetes & dans ceux qui les ont
» fuivis, beaucoup de chofes très-grandes & très-
» fages, qui rendent Ifraël digne de louange pour
» fa Doctrine & pour fa Sageffe ; puifque non
» feulement les Auteurs de fes Difcours ont dû
» être très-éclairés, mais que les étrangers même
» peuvent devenir, par leur moyen, très-habiles
» à parler & à écrire. C'eft ainfi que Jefus mon
» aïeul, après s'être appliqué à la lecture de la
» Loi & des Prophetes, & des autres Livres
» que nos peres nous ont laiffé, a voulu lui-
» même écrire de ce qui regarde la Doctrine &

» la Sagesse ; afin que ceux qui desirent d'ap-
» prendre, s'appliquent de plus en plus à la
» considération de leur devoir , & s'affermissent
» dans une vie conforme à la loi de Dieu. »

Jesus-Christ disoit la même chose en St. Jean, chap. 7 , en disant : *ma Doctrine n'est pas ma Doctrine ; mais c'est la Doctrine de celui qui m'a envoyé. Si quelqu'un veut faire la volonté de Dieu, il reconnoîtra si ma Doctrine est de lui , ou si je parle de moi-même.*

Malgré que cet ancien trésor de morale des Livres sacrés se soit accru jusqu'aux Apôtres de l'Evangile, la Bible qui les renferme tous, est l'ouvrage le moins connu & malheureusement le moins suivi.

L'on imagine que les saintes Ecritures doivent faire uniquement l'étude des gens d'Eglise, chargés de nous les rapporter dans leurs instructions ; mais l'on ignore que ceux-ci, sur la foi de leurs Professeurs de Théologie, ne s'occupent que de quelques citations relatives à leurs Ecoles, & négligeant ainsi absolument d'y rechercher la morale, sont également incapables , ni d'en faire leur profit particulier , ni de nous la communiquer.

Mr. Marmontel, ce savant éclairé & vrai docteur de la morale & du goût, n'a pas traité ainsi ces documens vénérables ; il y a recherché, comme conſeilloit le petit-fils de Jeſus fils de Sirach , les regles de la Sageſſe & celles de l'Eloquence , en en faiſant durant long-tems des extraits, pour ſe pénétrer de leurs beautés. J. J. Rouſſeau a dit : *la majeſté des Ecritures m'étonne , la ſainteté de l'Evangile parle à mon cœur : jamais la Vertu n'a parlé un ſi doux langage : jamais la plus profonde ſageſſe ne s'eſt exprimée avec tant d'énergie & de ſimplicité.*

Il eſt vrai que ces Philoſophes & même le ſage Locke aſſurent que pour inſpirer , ni le goût de la Lecture , ni celui de la Religion , rien n'eſt moins propre que la lecture ſuivie de la Bible ; *car quel plaiſir* , dit l'Inſtituteur Anglais , *peut prendre un enfant à lire dans un livre, je ne ſais combien d'endroits où il n'entend rien :* or le Peuple à qui je voudrois être utile , eſt dans le même cas que la Jeuneſſe que j'ai principalement en vue ici.

Locke ajoute : il y a cependant quelques parties de l'Ecriture Sainte très-propres à être miſes entre les mains des Enfans pour leur faire aimer la Lecture ; telle eſt l'hiſtoire de Joſeph & de ſes freres , celles de David & de Goliath , de David & de Jonatham , &c. , & d'autres choſes qu'on devroit leur faire lire pour leur inſtruction : comme eſt , par exemple, cette maxime de Jeſus-Chriſt : *agiſſez envers les autres , comme vous voudriez qu'ils agiſſent envers vous ,* & tels autres principes de morale clairs & faciles à comprendre , qui étant choifis à propos, peuvent être fouvent employés , tant pour l'Inftruction des enfans , que pour les exercer à la Lecture ; car par-là ces Préceptes venant à fe fixer entiérement dans leur mémoire, l'on pourra dans la fuite, à mefure qu'un Enfant eft aifez judicieux pour les bien comprendre , les lui indiquer dans les occafions, comme les regles conftantes de fa vie & de fes actions.

Delà la néceffité & la forme de ces Extraits.

Pour inculquer même par tous les moyens ces Principes de la Vérité & de la Vertu dans l'efprit de mes Enfans, j'avois penfé à leur donner toute cette Doctrine en Modeles d'Ecriture & jufques de Langues étrangeres , en la faifant buriner en lettres de main & en plufieurs langues vivantes de nos voifins , comme auffi en latin ; chaque langue en parallele avec le François : mais la grande cherté de cet ouvrage , auquel j'aurois defiré encore d'ajouter des figures , m'en a fait laiffer l'exécution pour fervir à l'éducation de quelque Prince , & en même tems à celle de fa nation, fi l'on vouloit fuivre le bel exemple des Compagnons de Vertu qu'on donna à Cyrus Enfant dans fes Jeunes Sujets.

En attendant j'ai borné ce deffein à faire copier en Ecriture Bâtarde , qui eft la plus jolie de nos écritures , & par les meilleures plumes, plu-

fieurs lectures & exemples de cette Doctrine,
pour procurer en même tems à mes enfans des
modeles d'une bonne vie & d'une belle main, &
graver doublement, par ce moyen, la vertu &
la religion dans leur ame.

J. J. Rouffeau ne reçut pas d'autre éducation
du Vicaire Savoyart ; celui-ci l'inftruifit indirecte-
ment en lui faifant copier des Extraits de Livres
Choifis, & fans employer l'appas fi flatteur & fi
engageant de la Belle Ecriture.

Bien de Jeunes gens & même d'Homme faits
pourroient fe former de même dans cette Doctrine & de cette maniere dans des arts effen-
tiels à un homme bien élevé , tels que la belle
écriture & une fage élocution. Ces extraits fer-
vant d'occupation manuelle à quelques-uns , les
attacheroient comme méchaniquement à la piété
& à la vertu ; s'il eft vrai ce que dit Mr. le Che-
valier de Boufflers de cette derniere , & que je
crois de même de l'autre ; qu'étant comme des
filles aimables & belles , ce ne fera pas impuné-
ment que l'on feindra d'en être amoureux ; en
difant fouvent que l'on les aime, l'on finira par
prendre pour elles la paffion la plus vive & la
plus tendre. Enfin , dit le pieux & vertueux Mr.
Bernardin de St. Pierre, *on ne peut revenir à la
nature qu'en fe pénétrant de la religion du cœur,
pure, fimple, fans fafte , fans cérémonie , telle
qu'elle eft fi bien annoncée dans l'Ecriture.*

DÉDICACE

D'HÉSIODE A SON FRERE

De son Poëme des Travaux & des Jours.

» Muses qui habitez le Mont-Pirée, de qui
» les Chantres divins tirent leur gloire, venez à
» mon aide, célébrez votre pere ; le Dieu dont
» la foudre éclate au haut des nues ; qui habite
» des Palais élevés ; qui illustre les mortels ou
» les fait oublier ; ils tiennent de sa volonté su-
» prême & leur gloire & leur honte ; il éleve
» l'un, abbaisse l'autre, plonge dans l'oubli les
» noms célèbres, comble de gloire celui qui étoit
» demeuré inconnu, redresse le boîteux, affoi-
» blit l'homme qui se confie dans ses forces : ô
» Toi qui vois tout, qui entends tout, exauce
» nos vœux, dirige les jugemens des mortels !
   » O Persée prête l'oreille à la vérité que je
» vais te dévoiler ! Les Muses savent parer le
» Mensonge de l'attrait de la Vraisemblance ; elles
» savent aussi quand il leur plait dévoiler la Vé-
» rité aux mortels.

TABLE DES LECTURES.

» Suppofons pour un moment que dans le plus ancien empire du monde , des Mages gardaffent , depuis
un tems immémorial, le dépôt de toutes les Idées ori-
ginales qui peuvent fervir d'appui à l'opinion de l'Exif-
tence d'un Dieu & au fentiment de l'Immortalité de
l'Ame ; & que de diftance en diftance à mefure qu'une
découverte, une confidération nouvelle auroient augmenté
d'un degré la confiance due aux Vérités les plus nécef-
faires au Genre Humain , on les eût infcrites dans un
Teftament religieux appellé le LIVRE DU BONHEUR ET
DE L'ESPÉRANCE. *Quel prix ne mettrions - nous pas à en
avoir connoiffance.* »

De l'Import. des Opin. relig. Ch. 18.

Lectures.

PRIERES DE LA BIBLE.

Fin de la Table.

DOCTRINE

ET EXEMPLES

DE LA BIBLE.

» Et cette Loi que tu nous a donnée
» Je l'ai chérie, & je la chérirai.
» A t'exhalter, j'aurai l'ame empreſſée :
» Avec ardeur, ta voix j'écouterai,
» Pour te ſervir d'effet & de penſée.

Pſ. 118, v. 24.

LECTURE I.

Dieu veille ſur les Innocens.

AGAR ET ISMAEL.

[Dieu écouta la voix de l'enfant. *Geneſe*, ch. 16.]

AGAR *chaſſée avec ſon fils Iſmaël de la mai-*
ſon de ſon maître, erroit dans la ſolitude de
Berzabée ; & l'eau, qu'on lui avoit donnée, ayant
manqué, elle laiſſa ſon fils couché ſous un des ar-
bres qui étoient là, s'éloigna de lui d'un trait

B 3

d'arc, & s'affit vis-à-vis, en difant : je ne verrai
point mourir mon enfant : & élevant fa voix dans
le lieu où elle fe tint affife, elle fe mit à pleurer.

Or, Dieu écouta la voix de l'enfant , & *par
une parole intérieure* (1), appella Agar, & lui dit:
Agar que faites-vous là, car j'ai écouté la voix de
l'enfant. Levez-vous , prenez votre fils & tenez-
le par la main. En même tems Dieu lui ouvrit les
yeux , & ayant apperçu un puits plein d'eau , elle
s'y en alla , & remplit fon vaiffeau , & elle donna
à boire à l'enfant.

Dieu affifta cet enfant qui crut & demeura dans
le défert , & qui devint un jeune homme adroit
à tirer de l'arc. Il habita dans le défert de Pha-

---

(1) J'ai fubftitué en cet endroit , comme je le ferai
en d'autres pareils , un fait naturel à un fait miraculeux,
pour approcher davantage les hommes de la Religion ,
en la rapprochant elle-même de la nature, fans préten-
dre par-là diminuer fes droits ; mais pour ôter tout pré-
texte aux impies & aux libertins de ne pas s'y attacher
& de l'aimer , d'abord dans fa belle & refpectable fim-
plicité.

Je dirois cependant volontiers à mes enfans , que c'eft
un Ange qui de la part de Dieu appella ici Agar. Il fait
tant de plaifir , & il eft fi naturel d'imaginer un nombre
infini de ferviteurs au Maître fouverain du monde !
Néanmoins la voix des preffentimens eft plus ordinaire
parmi nous , & auffi confacrée qu'elle eft évidente ; c'eft
un pere ou un ami qui nous avertit , nous confole ou
nous réjouit d'avance.

raon , & fa mere lui fit époufer une femme du pays d'Egypte.

LECTURE II.

*Entiere Obéiffance à la volonté de Dieu récom-
penfée.*

Sacrifice d'Abraham.

[Le Seigneur verra fur la Montagne. *Genef.* 22.]

DIEU éprouva Abraham , & lui dit : Abraham Abraham : Abraham lui répondit , me voici Seigneur. Dieu ajouta : prenez Ifaac , votre fils unique qui vous eft fi cher , & allez en la terre de vifion ; & là vous me l'offrirez en holocaufte fur une montagne que je vous montrerai.

Abraham fe leva donc avant le jour , prépara fon âne , & prit avec lui deux jeunes ferviteurs , & Ifaac fon fils ; & ayant coupé le bois qui devoit fervir à l'holocaufte , il s'en alla au lieu où Dieu lui avoit commandé d'aller.

Le troifieme jour levant les yeux en haut , il vit le lieu de loin : & il dit à fes ferviteurs , attendez-moi ici avec l'âne ; nous ne ferons qu'aller jufques-là mon fils & moi , & après avoir adoré nous reviendrons auffi-tôt à vous.

Il prit auffi le bois pour l'holocaufte qu'il mit fur fon fils Ifaac ; & pour lui il portoit en fes mains le feu & le couteau. Ils marchoient ainſi eux deux enſemble, lorſque Iſaac dit à ſon pere: mon pere. Abraham lui répondit, mon fils que vou-lez-vous ? Voilà, dit Iſaac, le feu & le bois, où eſt la victime pour l'holocauſte ? Abraham lui ré-pondit: mon fils, Dieu aura ſoin de fournir lui-même la victime qui lui doit être offerte en holo-cauſte. Ils continuerent donc à marcher enſemble, & ils vinrent au lieu que Dieu avoit montré à Abraham. Il y dreſſa un Autel, diſpoſa deſſus le bois pour l'holocauſte, lia enſuite ſon fils Iſaac, & le mit ſur le bois qu'il avoit arrangé ſur l'Au-tel ; en même tems il étendit la main, & prit le couteau pour immoler ſon fils.

Mais dans l'inſtant l'Ange du Seigneur lui cria du Ciel: Abraham, Abraham. Il lui répondit me voici. L'Ange ajouta : ne mettez point la main ſur l'enfant, & ne lui faites aucun mal. Je con-nois maintenant que vous craignez Dieu, puiſque pour m'obéir vous n'avez point épargné votre fils unique.

Abraham levant les yeux, apperçut derriere lui un belier qui s'étoit embarraſſé avec ſes cornes dans un buiſſon: & l'ayant pris, il l'offrit en holo-cauſte au lieu de ſon fils , & il appella ce lieu d'un nom qui ſignifie : le Seigneur voit: c'eſt pour-quoi on dit encore aujourd'hui le Seigneur verra ſur la montagne.

L'Ange du Seigneur appella Abraham du Ciel

pour

pour la feconde fois, & lui dit : je jure par moi-même, dit le Seigneur, que puifque vous avez fait cette action, & que pour m'obéir vous n'avez point épargné votre fils unique, je vous bénirai, & je multiplierai votre race comme les étoiles du Ciel & comme le fable qui eft fur le rivage de la Mer.

Abraham revint enfuite trouver fes ferviteurs, & ils s'en retournent enfemble.